image et mot

JULIO CORTÁZAR

prose de l'observatoire

TRADUIT DE L'ESPAGNOL

PAR LAURE BATAILLON

PHOTOGRAPHIES

DE JULIO CORTÁZAR

AVEC LA COLLABORATION

D'ANTONIO GÁLVEZ

GALLIMARD

Titre original :

PROSA DEL OBSERVATORIO

Les références au cycle des anguilles proviennent d'un article de Claude Lamotte publié dans *Le Monde,* Paris, le 14 avril 1971 ; il va sans dire que si les ichtyologues que je cite lisent ces pages, ce qui est peu probable, ils ne devront pas y voir la moindre allusion personnelle : tout comme les anguilles, Jai Singh, les étoiles et moi-même, ils font partie d'une image qui ne désigne que le lecteur.

Les photographies de l'observatoire du sultan Jai Singh (à Jaïpur) furent prises en 1968, avec une pellicule de mauvaise qualité ; à Paris, Antonio Gálvez en a fait ce qu'on voit ici, ce dont je le remercie.

Cette heure qui peut survenir hors de toute heure, trou dans le filet du temps,

cette façon d'être entre, pas au-dessus ni en arrière mais entre,

cette heure orifice à laquelle on accède à l'abri des autres heures, de la vie incommensurable avec ses heures de face et de profil, son temps pour chaque chose, ses choses dans le temps précis,

être dans une chambre d'hôtel ou sur un quai, en train de regarder une vitrine, un chien, ou peut-être

quand je te tiens dans mes bras, amour de sieste ou d'insomnie, apercevant vaguement dans cette tache claire la porte qui

donne sur la terrasse, dans cette rafale verte le chemisier que tu as enlevé pour me donner le sel léger qui tremble sur tes seins,

et sans crier gare, sans inutiles signaux d'arrivée, dans un café du quartier Latin ou pendant la dernière séquence d'un film de Pabst, une approche de ce qui déjà ne s'ordonne plus comme convenu, un accès entre deux occupations installées dans l'alvéole des heures, dans le jour ruche, ainsi ou autrement (sous la douche, en pleine rue, au milieu d'une sonate ou d'un télégramme), percevoir, avec quelque chose qui ne prend pas appui sur les sens, cette faille dans la succession, ainsi ma foi, en se laissant glisser, les anguilles par exemple, la région des sargasses, les anguilles et aussi les machines de marbre, la nuit de Jai Singh buvant un flux d'étoiles, les observatoires sous la lune de Jaipur et de Delhi, le noir ruban des migrations, les anguilles en pleine rue ou au théâtre, se donnant à celui qui les suit sur les machines de marbre, à celui qui ne regarde plus les pendules dans la nuit de Paris ; si simplement anneau de Möbius, d'anguilles et de machines de marbre, ce qui

coule déjà en parole déraisonnante, dérivante, qui chasse pour son propre compte, qui s'ébranle aussi à partir de sargasses du temps et de sémantiques aléatoires, la migration d'un verbe : discours et cours, les anguilles atlantiques et les mots anguilles, les éclairs de marbre des machines de Jai Singh, celui qui regarde les astres et les anguilles, l'anneau de Möbius tournant sur lui-même, dans l'océan, à Jaipur, s'accomplissant une autre fois sans autres fois, étant comme peut être le marbre et peut être l'anguille : tu comprendras que rien de tout cela ne peut se dire à partir des trottoirs, des chaises ou des tréteaux de la ville ; tu comprendras que seulement ainsi, en se laissant aller marbre ou anguille, en épousant l'anneau, on peut quitter les sargasses, il y a cours, cela coule ; s'y risquer, comme elles dans la nuit atlantique, comme celui qui cherche la mesure des étoiles, non pour savoir, non pour quoi que ce soit ; quelque chose comme un coup d'aile, un reflux, une plainte amoureuse et alors oui, et alors peut-être, et alors bien sûr.

Bien sûr inévitable métaphore, anguille ou étoile, bien sûr

soutien de l'image, bien sûr fiction, c'est-à-dire tranquillité en bibliothèques et fauteuils ; comme tu voudras, il n'y a pas d'autre façon ici d'être un sultan de Jaipur, un banc d'anguilles, un homme qui lève la tête vers l'ouvert dans la nuit rousse. Ah mais ne pas céder à la séduction de cette intelligence habituée à d'autres invites : la battre en brèche à coups de mots, la vomir en saccage d'étoiles ou d'anguilles ; que le dit soit, la courbe lente des machines de marbre ou le noir ruban grouillant nocturne à l'assaut des estuaires, et qu'il ne soit pas seulement d'être dit, que ce qui coule ou converge ou cherche soit ce qu'il est, et non ce qui se dit : chienne aristotélique que le binaire qui t'aiguise les crocs sache enfin son inutilité quand s'ouvre une autre écluse en marbre et en poissons, quand Jai Singh, un prisme entre les doigts, est ce pêcheur qui sort du filet, frémissante de dents et de rage, une anguille qui est une étoile qui est une anguille qui est une étoile qui est une anguille.

Ainsi la galaxie noire coule dans la nuit comme l'autre dorée

là-haut dans la nuit coule immobile : à quoi bon chercher d'autres noms, d'autres cycles, quand il y a des étoiles, quand il y a des anguilles qui naissent dans les profondeurs atlantiques et commencent, car il faut bien commencer de les suivre, à grandir, larves translucides flottant entre deux eaux, amphithéâtre hyalin de méduses et de plancton, bouches qui glissent en une interminable succion, corps liés en ce déjà serpent multiforme qui un soir à une heure que personne ne peut connaître sera promu léviathan, surgira, kraken inoffensif et épouvantable, pour entreprendre sa migration à fleur d'océan tandis que l'autre galaxie dévoile sa pacotille pour le marin de quart qui à travers le goulot d'une bouteille de rhum ou de bière aperçoit sa monotonie indifférente et maudit à chaque gorgée un destin de caps changeants, un salaire de misère, une femme qui fait l'amour avec un autre dans les ports de la vie.

Voici les faits : Johannes Schmidt, danois, découvrit que sur les terrasses d'un Elseneur mouvant, entre vingt-deux et trente

degrés de latitude nord et entre quarante-huit et soixante-cinq degrés de longitude ouest, le succube récurrent de la mer des Sargasses était bien davantage que le fantôme d'un roi empoisonné et qu'en ce lieu, fécondées au terme d'un cycle de lentes mutations, les anguilles, qui tant d'années avaient vécu au bord du fil de l'eau, replongent dans les ténèbres à quatre cents mètres de profondeur et, cachées par un demi-kilomètre de lente épaisseur silencieuse, pondent leurs œufs et se dissolvent en une mort par millions de millions, molécules du plancton que les premières larves déjà absorbent dans la palpitation de la vie incorruptible. Personne ne peut voir cette ultime danse de mort et renaissance de la galaxie noire, les instruments guidés à distance ont sans doute permis à Schmidt un accès précaire à cette matrice de l'océan mais Python est déjà né, les larves minuscules et glissantes, *Anguilla anguilla*, perforent lentement le mur vert, un kaléidoscope géant les combine parmi méduses et cristaux, ombres soudaines de squales ou de cétacés. Elles aussi entreront dans une langue morte, s'appel-

leront leptocéphales, c'est déjà le printemps à l'envers de l'océan et la pulsion saisonnière a réveillé au plus profond le mouvement des myriades microscopiques, leur ascension vers des eaux plus tièdes et plus bleues, l'arrivée au niveau fabuleux d'où le serpent va s'élancer vers nous, va s'avancer avec des billions d'yeux de dents de dos de queues de bouches, inconcevable parce que trop, absurde parce que comment, pourquoi, pauvre Schmidt.

Tout se répond, pensèrent à un siècle de distance Jai Singh et Baudelaire, du mirador de la plus haute tour de l'observatoire, le sultan a sûrement cherché le système, la combinaison chiffrée qui lui donnerait les clefs d'accès ; comment aurait-il pu ignorer que l'animal Terre s'asphyxierait en une lente immobilité s'il n'était depuis toujours dans le poumon d'acier astral, l'attraction secrète de la lune et du soleil aspirant et refoulant la verte poitrine des eaux. Inspiré, expiré par une force étrangère, par la grâce d'un

va-et-vient qui, à partir de ressorts inaccessibles à l'imagination, devient mesurable et comme à portée d'une tour de marbre et de regards d'insomnie, l'océan respire et dilate ses alvéoles, met en marche son sang rénové qui se brise rageur contre les récifs, dessine ses spirales de matière fusiforme, concentre et disperse les houles, les anguilles, rivière dans la mer, veine dans le poumon bleu indigo, les courants profonds s'affrontent pour le chaud et le froid, à cinquante mètres de la surface les leptocéphales sont embarqués sur le véhicule hyalin, pendant plus de trois ans ils parcourront la tuyauterie aux calibres thermiques précis, trente-six mois durant le serpent aux yeux innombrables glissera sous les quilles et l'écume jusqu'aux côtes européennes. Chaque entaille sur les rampes de marbre de Jaipur reçut (reçoit toujours mais pour personne désormais, pour les singes et les touristes) les signes morse, l'alphabet sidéral qui, dans une autre dimension du sensible, devient plancton, vents alizés, naufrage du pétrolier californien *Norman* (8 mai 1957), floraison des cerisiers de Naga ou de Sivergues, lave de

l'Osorno, anguilles parvenant à destination, leptocéphales qui, après avoir atteint huit centimètres en trois ans, ne sauront pas que leur entrée dans des eaux plus douces déclanche quelque mécanisme de la thyroïde et ignoreront qu'elles commencent à s'appeler civelles, que de rassurants mots nouveaux accompagnent l'assaut du serpent contre les rochers, l'avancée vers les estuaires, l'irrésistible invasion des fleuves ; tout cela qui n'a pas de nom s'appelle à présent de tant de façons, tout comme Jai Singh changeait des scintillements en formules, des orbites insondables en des temps concevables.

« Marzo è pazzo », dit le proverbe italien ; « en abril, aguas mil », ajoute la sagesse espagnole. C'est de folie et de mille eaux qu'est fait l'assaut aux fleuves et aux torrents, en mars et en avril, des millions de civelles rythmées par le double instinct de l'obscurité et du lointain attendent la nuit pour acheminer le python d'eau douce, la colonne flexible qui se glisse dans la ténèbre des estuaires, étirant au long de plusieurs kilomètres une lente ceinture dénouée ;

impossible de prévoir où, à quelle heure profonde, la tête informe toute yeux toute bouches et cheveux, amorcera le glissement vers l'amont, mais les ultimes coraux ont été franchis, l'eau douce lutte contre une défloraison implacable qui la prend entre vase et écume, les anguilles vibrantes contre le courant se soudent en leur force commune, en leur aveugle volonté de remonte, déjà personne ne les arrêtera, ni fleuve ni homme ni écluse ni cascade, les multiples serpents à l'assaut des fleuves européens laisseront des myriades de cadavres à chaque obstacle, se sectionneront et se tordront dans les filets et les méandres, flotteront le jour dans une torpeur profonde, invisibles à d'autres yeux, et chaque nuit reformeront le fourmillant câble noir et, comme guidées par une formule stellaire que Jai Singh a pu mesurer avec des rubans de marbre et des compas de bronze, elles se déplaceront vers les sources fluviales, cherchant en d'innombrables étapes un but dont elles ne savent rien, dont elles ne peuvent rien attendre ; leur force ne naît pas d'elles, leur raison palpite en d'autres fuseaux d'énergie que le sultan interrogea à sa

manière, poussé par des présages, des espoirs et la terreur primordiale de la voûte pleine d'yeux et de pulsations.

Le professeur Maurice Fontaine, de l'Académie des sciences de Paris, pense que l'aimant d'eau douce qui désespérément attire les civelles et les oblige à se suicider par millions dans les écluses et dans les filets pour que le reste passe et arrive, provient d'une réaction de leur système neuro-endocrinien confronté à l'amaigrissement et à la déshydratation qui accompagne leur métamorphose de leptocéphales en civelles. Belle est la science, lénifiants les mots qui suivent le parcours des civelles et nous expliquent leur saga, beaux, doux et hypnotiques comme les terrasses argentées de Jaipur où un astronome employa à son époque un vocabulaire également beau et lénifiant pour conjurer l'innommable et le verser en des parchemins apaisants, héritage pour l'espèce, exercice d'école, barbituriques pour insomnies essentielles, mais vient le jour où les civelles ont atteint au plus profond de leur copulation hydrographique, spermatozoïdes plané-

taires enfin dans l'œuf des lacs les plus hauts, des étangs où rêvent et reposent les rivières, et les phallus tortueux de la nuit vitale s'assouvissent, s'assoupissent, les colonnes noires perdent leur flexible érection d'avancée et de quête, les individus naissent à eux-mêmes, se séparent du serpent commun, explorent à leurs risques et périls les bords périlleux des mares, de la vie ; commence le temps, sans que personne puisse en savoir l'heure, de l'anguille jaune, la jeunesse de la race dans le territoire conquis, l'eau enfin amicale ceignant sans combat les corps qui reposent.

Et qui croissent. Pendant dix-huit ans, paisibles en leurs trous, en leurs niches, engourdies dans la vase, se frôlant en une lente cérémonie pour personne, éclaboussant l'air d'un coup de nageoire et d'un miroitement, dévorant incessantes les jus des profondeurs, répétant dix-huit ans durant le glissement sournois qui les mène en une fraction de seconde au fragment comestible, à la matière organique en suspension, dix-huit ans durant solitaires somnolentes ou violemment concertées pour déchiqueter une proie puis se

repousser en frénétiques débandades, les anguilles grandissent et changent de couleur, la puberté les assaille comme un coup de fouet et les transforme chromatiquement, le jaune mimétique des limons le cède peu à peu au mercure, à un moment donné l'anguille argentée prismera le premier soleil du jour d'une rapide volte de son dos, l'eau trouble du fond laisse entrevoir les miroirs fusiformes qui se dédoublent et se redoublent en une danse lente : l'heure est venue où elles vont cesser de manger, prêtes pour le cycle final, l'anguille argentée attend immobile l'appel d'une chose que Mlle Callamand considère, à l'égal du professeur Fontaine, comme un phénomène d'interaction neuro-endocrinienne : soudain, une nuit, en un même temps, toute rivière est d'aval, de toute source il faut fuir, des nageoires tendues fendent furieusement le fil de l'eau : Nietzsche, Nietzsche.

GEMINI

Il y a d'abord une phase d'excitation, une espèce de nouvelle ou de mot de passe qui les met en émoi : laisser les joncs, les mares, laisser dix-huit ans de creux dans les rochers, revenir. Une lointaine équation chimique garde le souvenir voilé des origines, une constellation ondulante de sargasses, le sel au museau, la chaleur atlantique, les monstres à l'affût, les méduses téléphones ou parachutes, le gant flasque de la pieuvre. Revenir au fracas silencieux des courants sous-marins, à leurs veines sans issue ; le ciel est de même façon par les nuits dégagées quand les étoiles s'amalgament en une même pression, conjurées et hostiles, se refusant au dénombrement, aux nomenclatures, opposant un inaccessible velouté à la lunette qui les cerne et les isole, se mettant à dix, à cent en un même champ visuel, obligeant Jai Singh à baigner ses paupières du baume que son médecin extrait d'herbes enracinées dans les mythes du ciel, dans les jeux cruels, joyeux, des déités lasses d'immortalité.

Ensuite, et selon l'opinion de Mlle Callamand, suit une phase

de déminéralisation, les anguilles deviennent amorphes, elles s'abandonnent aux courants, l'été s'achève, les feuilles mortes flottent avec elles au fil de l'eau, parfois une mitraille de pluie les atteint et les réveille, les anguilles glissent avec la rivière, se protègent de la pluie et du profil menaçant des nuages, déminéralisées et amorphes elles cèdent à la pente insensible qui les approche des estuaires et de l'avidité de ceux qui attendent à un tournant du fleuve, l'homme est là, gourmand de l'anguille argentée, la meilleure de toutes, attrapant sans effort les anguilles déminéralisées et amorphes abandonnées au courant, sans réflexes, confiantes en leur nombre, et peu importe que le pêcheur les attrape et les dévore innombrables puisque tant d'autres passeront loin des filets et des hameçons, parviendront aux embouchures, s'éveilleront au sel, au ressac d'une houle qui frappe aussi une obscure mémoire récurrente ; c'est l'automne, les pêches miraculeuses, les corbeilles débordantes d'anguilles qui tardent à mourir car leur branchies étroites gardent une réserve d'eau, de vie, et elles durent, des

heures et des heures elles se tordent dans les corbeilles, tous les autres poissons sont morts mais elles continuent à livrer une bataille sauvage contre l'asphyxie, il faut les découper, les plonger dans l'huile bouillante, et les vieilles sur les ports secouent la tête et les regardent et elles sont revisitées d'une obscure sapience, car c'est ainsi que l'on parle dans les bestiaires anciens où des anguilles pleines de sagacité sortent de l'eau et envahissent jardins et vergers pour chasser le ver et l'escargot, pour y dévorer aussi les petits pois comme le dit l'encyclopédie Espasa qui en sait long sur les anguilles. Et il est vrai que si une rivière s'assèche, si dans leur remontée des cours une retenue d'eau ou une cascade leur barre le chemin vers les sources, les jeunes anguilles sautent hors du lit et franchissent l'obstacle sans mourir, surmontant l'asphyxie, glissant obstinées parmi les mousses et les fougères ; mais celles à présent qui descendent sont déminéralisées et amorphes, elles se laissent attraper et n'ont de force que pour lutter contre une mort qu'elles n'ont pas évitée, qui les torture délicatement pendant des heures

comme si elle se vengeait des autres, de celles qui continuent à descendre le fleuve en foules innombrables, en quête des coraux et du sel du retour.

De Jai Singh on présume qu'il fit construire ces observatoires dans le désenchantement raffiné d'une décadence qui n'avait plus rien à attendre des conquêtes militaires ni même peut-être des sérails où ses ancêtres avaient préféré un ciel d'étoiles tièdes en une époque de musiques et de parfums ; sérail au plus haut des airs, un espace imprenable provoquait le désir du sultan dans la limite des rampes de marbre ; ses nuits de paons royaux et de flambées lointaines dans les villages, son regard et ses machines, organisant le chaos froid, violet, vert et tigre : mesurer, compter, comprendre, faire partie, entrer, mourir moins pauvre, s'opposer corps à corps à cet insondable tacheté, lui arracher un lambeau de déchiffrement, le percer, au pire des cas, de la flèche de l'hypothèse, de la prévision

de l'éclipse, rassembler en un poing mental les rênes de cette multitude de chevaux scintillants et hostiles. Mlle Callamand et le professeur Fontaine soutiennent eux aussi des théories de nombres et de phases, embaument les anguilles dans une nomenclature, une génétique, un processus neuro-endocrinien, du jaune à l'argenté, des fontaines aux estuaires, et les étoiles échappent aux yeux de Jai Singh comme les anguilles aux mots de la science, il y a ce moment prodigieux où elles disparaissent pour toujours, où, au-delà de l'embouchure des fleuves rien ni personne, filets, paramètres ou biochimie, ne peut atteindre ce qui revient à ses origines sans qu'on sache comment, ce qui est à nouveau le serpent atlantique, immense ruban argenté à bouches de dents aiguës et aux yeux vigilants, glissant vers le profond, mû non plus passivement par un courant mais fils d'une volonté pour laquelle il n'est pas de mots de ce côté-ci du délire, retournant à l'utérus initial, aux sargasses, où les femelles fécondées chercheront à nouveau les profondeurs pour y frayer, pour s'incorporer aux ténèbres et mourir au plus profond

du ventre des légendes et des terreurs. Pourquoi, se demande Mlle Callamand, un retour qui condamnera les larves à recommencer l'essor interminable vers les fleuves européens ? Mais quel sens peut avoir ce pourquoi quand ce qu'on cherche dans la réponse c'est de boucher un trou, de mettre un couvercle à la marmite scandaleuse qui bout et rebout pour personne ? Anguilles, sultan, étoiles, membre de l'Académie des sciences : c'est d'une autre façon, d'un autre point de départ, vers une autre cible, qu'il faut empenner et lancer la flèche de la question.

Les machines de marbre, un érotisme glacé dans la nuit de Jaipur, coagulation de lumière dans l'enceinte que gardent les hommes de Jai Singh, mercure de rampes et de spirales, caillots de lune parmi des tenseurs et des plaques de bronze ; mais l'homme, là, l'inverseur, celui qui joue avec le hasard, le funambule de la réalité : contre la pétrification d'une mathématique ancestrale, contre les fuseaux de l'espace distillant ses fibres pour une intelligence complice, toile d'araignée de toiles d'araignées, un sultan

blessé de différence dresse son amoureuse volonté, défie un ciel qui lui propose une fois de plus les cartes transmissibles, entame une lente, interminable copulation avec un ciel qui exige obéissance et ordre et qu'il violera nuit après nuit en chaque lit de pierre, le froid devenu braise, la posture canonique dédaignée pour des caresses qui dénudent d'une autre façon les rythmes de la lumière sur le marbre et vont ceindre ces formes où se dépose le temps des astres et les élèvent au rang de sexe de mamelon et de murmure. Érotisme de Jai Singh au terme d'une race et d'une histoire, rampes des observatoires où les vastes courbes de seins et de cuisses ouvrent leurs itinéraires de délices à un regard qui prend possession par défi et transgression et qui fait le grand saut vers l'innommable à partir de ces catapultes de frémissant silence minéral. Comme dans les peintures de Remedios Varo, comme dans les nuits les plus hautes de Novalis, les engrenages immobiles de la pierre à l'affût attendent la matière astrale pour la broyer en une opération d'ardente fauconnerie. Cages de lumière, gynécée d'étoiles possédées une à

une, dénudées par une algèbre aux phalanges huilées, par une alchimie aux genoux humides, revanche maniaque et cadencée d'un Endymion qui tente le hasard et lance sur Séléné un filet de spasmes de marbre, un essaim de paramètres qui dénoueront sa ceinture et finiront par la livrer à cet amant au plus haut du labyrinthe mathématique, homme à la peau de ciel, sultan de frémissantes favorites qui se rendent en une interminable pluie d'abeilles de minuit.

Et de même façon, mademoiselle Callamand, quelque chose que le dictionnaire appelle anguille est peut-être en train d'attendre le serpent symétrique d'un désir différent, l'assaut démesuré d'autre chose que la neuro-endocrinologie pour se hisser hors des eaux primordiales, défaire sa ceinture de millénaires de sargasses et se livrer à une rencontre que Johannes Schmidt n'aurait pu soupçonner. Nous savons bien assez que le professeur Fontaine s'inter-

rogera sur la finalité de pareille quête au moment où l'un de ses assistants accomplit la tâche délicate de fixer un minuscule émetteur sur le corps d'une anguille argentée et de la remettre à la mer pour suivre ainsi la piste d'un itinéraire mal cartographié. Mais ne parlons pas de chercher, mademoiselle Callamand, il ne s'agit pas de satisfactions mentales ni de donner un autre tour d'écrou à une nature encore mal colonisée. On se pose ici des questions sur l'homme, même si l'on parle d'anguilles et d'étoiles ; quelque chose qui procède de la musique, du combat amoureux et des rythmes saisonniers, quelque chose que l'analogie pressent dans l'éponge, dans le poumon et la systole, balbutie sans vocabulaire répertorié une direction vers un autre entendement. Quant au reste, comment ne pas respecter les louables activités de Mme M.-L. Bauchot par exemple, qui s'efforce d'identifier le plus correctement possible les larves des différents poissons apodes (anguilles, congres, etc.) ? Si ce n'est qu'avant et après il y a l'ouvert, ce que l'aigle est à même stupidement de voir, ce que le fleuve noir des anguilles dessine dans

la masse élémentaire atlantique, ouvert à un autre sens qui à son tour nous ouvre, aigles et anguilles, la grande métaphore brûlante. (Et comme par hasard découvrir que seule une consonne différencie ces deux mots, *aguila* et *anguila* ; et se dire une fois de plus que le hasard, ce mot tranquillisant, cet autre seuil de l'ouvert...)

Ainsi je — à nouveau l'Occident haïssable, la particule obstinée qui sous-tend tous ses discours — je voudrais émerger en un champ de contact que le système qui a fait de moi ce que je suis nie avec force cris et théorèmes. Alors, acceptons de dire ce moi qui est toujours l'un d'entre nous et, du haut de l'inévitable place forte, sautons au bas des murailles : ce n'est pas si difficile de perdre la raison, les gardes de la tour n'y verront que du feu, que savent-ils des anguilles ou de ces interminables théories de degrés que Jai Singh escaladait en une lente chute vers le ciel ; car il n'était pas, lui, du côté des astres comme certains poètes de nos terres méri-

dionnales, il ne pactisait pas avec Mme Bauchot pour une meilleure identification des congres ou des magnitudes stellaires. Sans autre preuve que les machines de marbre, je sais que Jai Singh était avec nous, du côté de l'anguille traçant son idéogramme planétaire dans l'obscurité qui désole la science et lui fait s'arracher les cheveux, qui désespère Mlle Callamand, laquelle compte et recompte le passage des leptocéphales et marque chaque unité d'une méritoire larme cybernétique. Ainsi au centre de la tortue hindoue, Jai Singh, despote vain et oubliable, gravit les degrés de marbre et affronte l'ouragan des astres ; quelque chose de plus fort que ses lanciers et de plus subtil que ses eunuques le presse au profond de la nuit à interroger le ciel comme qui plonge son visage en une fourmilière de rage méthodique : du diable s'il se soucie de la réponse, Jai Singh veut être ce qui interroge, Jai Singh sait que la soif qui s'étanche avec l'eau reviendra le tourmenter, Jai Singh sait qu'il ne cessera d'avoir soif qu'en devenant lui-même l'eau.

Ainsi, monsieur le professeur Fontaine, ce n'est pas de panthéisme diffus que nous parlons ni de dissolution dans le mystère : les astres sont mesurables, les rampes de Jaipur gardent encore la trace des burins mathématiques, cages d'abstraction et de connaissance. Ce que je refuse, tandis que vous m'emplissez d'informations sur le cours des leptocéphales, c'est le sordide paradoxe d'un appauvrissement lié à la multiplication des bibliothèques, des microfilms et des éditions de poche, une culturisation à la Jivaro, mademoiselle Callamand. Que Dame Science en son jardin se promène, qu'elle chante et qu'elle brode, belle est sa prestance et nécessaire son rouet téléguidé et son luth électronique, nous ne sommes pas les béotiens du siècle, le brontosaure est bel et bien mort. Mais sur ce, on va se promener la nuit, comme également bien des serviteurs de Dame Science, et si l'on vit vraiment, si la

nuit et la respiration et la pensée relient ces mailles que tant de définitions séparent, il peut nous arriver d'entrer dans les parcs de Jaipur et de Delhi ou de frôler au cœur de Saint-Germain-des-Prés un autre profil possible de l'homme ; il peut nous arriver des choses dérisoires ou terribles, accéder à des cycles qui commencent à la porte d'un café et débouchent sur un gibet à Bagdad, ou bien marcher sur une anguille rue du Dragon, ou encore voir de loin, comme dans un tango, cette femme qui a rempli notre vie de miroirs brisés et de nostalgies structuralistes (elle ne put finir sa coiffure ni nous notre thèse de doctorat) ; car il ne s'agit pas de tomber dans l'enflure, ces choses arrivent comme les chats soudain ou la baignoire qui déborde pendant que nous répondons au téléphone, mais cela n'arrive qu'à ceux qui ont mis le chat dans leur poche, la nuit est rousse et humide, quelqu'un siffle sous une porte cochère, la zone franche commence ; comment le dire de façon plus intelligible, monsieur le professeur Fontaine, l'écrire à Mme M.-L. Bauchot,

chère madame Bauchot,
ce soir j'ai vu le fleuve des anguilles,
j'ai été à Jaipur et à Delhi
j'ai vu les anguilles rue du Dragon à Paris,
et tant que des choses pareilles m'arriveront (je suis bien obligé de parler de moi mais je parle en fait de tous ceux qui vont à l'ouvert)
ou tant que m'habitera la certitude qu'elles peuvent m'arriver,
tout n'est pas perdu parce que
madame Bauchot, chère madame Bauchot,
je vous parle là d'une race qui peuple la planète et que la science veut servir,
mais écoutez donc, madame Bauchot, votre grand-mère emmaillotait son bébé,
elle en faisait une petite momie sanglotante
parce que le bébé voulait bouger, jouer, toucher son sexe, être heureux de sa peau et de ses odeurs et de la chatouille de l'air,
et voyez aujourd'hui, madame Bauchot, déjà vous-même vous avez

grandi avec plus de liberté et peut-être votre bébé joue-t-il tout nu en ce moment sur une couverture tandis que le pédiatre approuve, satisfait, tout va bien, madame Bauchot, si ce n'est que le bébé continue d'être le père de cet adulte que vous et Mme Callamand appellez homo sapiens,
et ce que la science a enlevé au bébé, cette même science l'attache à cet homme qui lit le journal, achète des livres et veut savoir,
alors l'énumération la classification des anguilles
et le fichier des étoiles nébuleuses galaxies, bandage de la science : restez tranquille, vingt-quatre, sud-ouest, protéine, isotope déterminé.
Le bébé libre et l'homme emmailloté, Dame Science, pédiatre pour adultes, ouvre son cabinet de consultation, il faut éviter que l'homme se déforme par excès de rêves, lui bander la vision, lui ligoter le sexe, lui apprendre à compter afin que tout puisse avoir un numéro, la morale et la science main dans la main (ne vous étonnez pas, madame, c'est si fréquent) et bien évidemment

la société qui ne survit
que si ses cellules réalisent le programme. Avec mes meilleures salutations.

Cette lettre donnera à Mme Bauchot le terrible soupçon que les brontosaures savent écrire, alors un post-scriptum aimable : entendons-nous bien, chère madame, que ferions-nous sans vous, sans Dame Science,
je parle sérieusement, très sérieusement,
mais il y a aussi l'ouvert, la nuit rousse, les unités de la démesure, la qualité de clown, de funambule et de somnambule du citoyen moyen, le fait que personne ne pourra le convaincre que sa limite exacte est le rythme de la plus heureuse des villes ou de la plus aimable des campagnes ; l'école fera son travail ainsi que l'armée et les curés mais ce que j'appelle, moi, anguille ou voie lactée, passe la nuit au fond d'une mémoire de l'espèce, en un programme géné-

tique dont le professeur Fontaine n'a aucune idée, grâce à quoi, la révolution à son heure, l'assaut donné à ce qui est objectivement ennemi ou abject, le coup de poing fou pour jeter bas une cité pourrie, grâce à quoi les premières étapes des retrouvailles avec l'homme total. Mais Dame Science et sa suite, la morale, la cité, la société viennent s'embusquer là. Nous avons à peine gagné la peau, la belle surface du visage, des seins et des cuisses, la révolution est un océan de blé sous le vent, un saut à la perche par-dessus l'histoire achetée et vendue et déjà l'homme qui a accès à l'ouvert se met à déceler le vieux sous le neuf, il se heurte à ceux qui continuent de voir la fin dans les moyens, il s'aperçoit qu'en ce point aveugle de l'œil du taureau humain se tapit une fausse définition de l'espèce, que les idoles survivent sous d'autres identités, travail et discipline, zèle et obéissance, amour légiféré, éducation par l'ABC, gratuite et obligatoire ; en dessous, en dedans, dans la matrice de la nuit rousse, une autre révolution devra attendre son heure comme les anguilles sous les sargasses. Parvenir jusqu'à elle

est également serpent noir de l'aller, lents degrés vers la plate-forme qui défie la mousse astrale, serpent argenté du retour fécondation ponte et mort pour à nouveau un serpent noir, une marche vers les amonts et vers les sources, retour dialectique où s'accomplit le rythme cosmique ; j'emploie à dessein les mots les plus éculés par la rhétorique, j'ai gagné de bien des façons le droit à ce qu'ils brillent ici comme brille le mercure des anguilles et le tournesol vertigineux sur les machines de Jai Singh. C'est encore le temps des sargasses, des guérillas partielles qui éclaircissent la forêt sans que le combattant parvienne à voir un ensemble de ciel de mer et de terre. En chaque arbre de sang circulent secrètes les clefs de l'alliance avec l'ouvert, mais l'homme donne et prend le sang, boit et verse le sang parmi les cris du présent et les récidives du passé et bien peu sentiront battre dans leur pouls l'appel de la nuit rousse ; ceux qui y accèdent périront en d'innombrables piloris, de leur peau on fera des abat-jour et de leur langue on arrachera des aveux ; rares sont ceux qui pourront porter témoignage sur les anguilles et

les étoiles, sur les rencontres hors de la loi de la cité, sur l'approche des carrefours où naissent les sentiers vers l'amont du temps, mais l'homme a beau être Actéon traqué par les chiens du passé et les chiens symétriques du futur, pantin déchiré à coups de dents qui lutte contre la double meute, lacéré et perdant sa vie à flots, seul contre un déluge de crocs, Actéon survivra et repartira à la chasse jusqu'au jour où il rencontrera Diane et la possédera sous les frondaisons, lui ravira une virginité qu'aucun cri ne défend plus, Diane l'histoire de l'homme banni et déchu, Diane l'histoire ennemie avec ses chiens de tradition et de commandement, avec son miroir d'idées reçues qui projettent sur le futur les mêmes crocs et les mêmes baves, et que le chasseur fera voler en éclats comme il fait éclater sa virginité despotique afin de se dresser nu et libre et d'émerger à l'ouvert, dans le lieu de l'homme à l'heure de sa révolution véritable du dedans vers le dehors et du dehors vers le dedans. Nous n'avons pas encore appris à faire l'amour, à respirer le pollen de la vie, à dépouiller la mort de son habit de fautes et de

dettes envers elle ; il y a encore bien des guerres à venir, les crocs se refermeront encore, Actéon, sur tes cuisses, ton sexe, ta gorge ; nous n'avons pas encore trouvé le rythme du serpent noir, nous en sommes à peine à la peau du monde et de l'homme. Là, non loin, les anguilles battent leur immense pouls, leur cycle planétaire, tout attend pour entrer dans une danse qu'aucune Isadora n'a encore dansée de ce côté-ci du monde, troisième monde global de l'homme sans lisières, pataugeant dans l'histoire, veille de lui-même.

Que la nuit rousse nous voie marcher tête au vent, nous voie favoriser l'apparition des figures du rêve et de l'insomnie, qu'une main lentement descende le long de dos nus jusqu'à ce qu'elle arrache cette plainte amoureuse venue du feu et de la caverne, première douce trêve dans la peur de l'espèce, que dans la rue du Dragon, la Vuelta de Rocha, King's Road, la Rampa, la Schulerstrasse, marche cet homme qui ne s'accepte pas quotidien, étiqueté

ouvrier ou penseur, qui ne s'accepte ni parcelle ni veille ni ingrédient géopolitique, qui ne veut pas le présent révisionniste qu'un parti ou une bibliographie lui promettent en guise d'avenir ; cet homme qui se fera peut-être tuer sur un front légitime, en une embuscade nécessaire, que des chacals et des limaces tortureront et aviliront, que des chefs élèveront à des postes de confiance, qui en de nombreux coins du monde aura raison ou tort sur le moulin des veilles ; pour lui, et pour bien d'autres comme lui, un dessin de la réalité gravit les escaliers de Jaipur, ondule sur lui-même dans l'anneau de Möbius des anguilles, avers et revers réconciliés, ruban de la concorde dans la nuit rousse d'hommes d'astres et de poissons. Image d'images, saut qui laisse derrière lui une science et une politique en âge d'acnée, de drapeau, de langage et de sexe enchaînés : à partir de l'ouvert nous en finirons avec la prison de l'homme, l'injustice, l'aliénation, la colonisation, les dividendes, Reuter et toute la suite ; nul délire dans ce que j'appelle ici anguilles ou étoiles, rien de plus matériel et dialectique et tangible

que la pure image qui ne se veut pas liée à l'état de veille, qui cherche au-delà pour mieux comprendre, pour s'édifier contre la matière rampante du fermé, des nations contre les nations, des blocs contre les blocs. Mme Bauchot, Thomas Mann a dit une fois que les choses iraient mieux si Marx avait lu Hölderlin ; eh bien, voyez-vous, chère madame, moi je crois avec Lukács qu'il eût été également nécessaire qu'Hölderlin lise Marx ; remarquez combien est froid mon délire bien qu'il vous paraisse anachroniquement romantique à cause de Jai Singh, à cause du serpent de mercure, à cause de la nuit rousse. Descendez dans la rue, respirez l'air des hommes qui vivent et non pas celui de la théorie des hommes dans une société meilleure ; dites-vous parfois que dans le bonheur il y a autant de choses que dans une ration de protéines ou de temps libre ou de souveraineté (cependant Hölderlin doit lire Marx, à aucun moment il ne faut oublier Marx, les protéines sont une des nombreuses facettes de l'image, et comment qu'elles le sont, madame Bauchot, mais alors facette de l'image tout entière, de

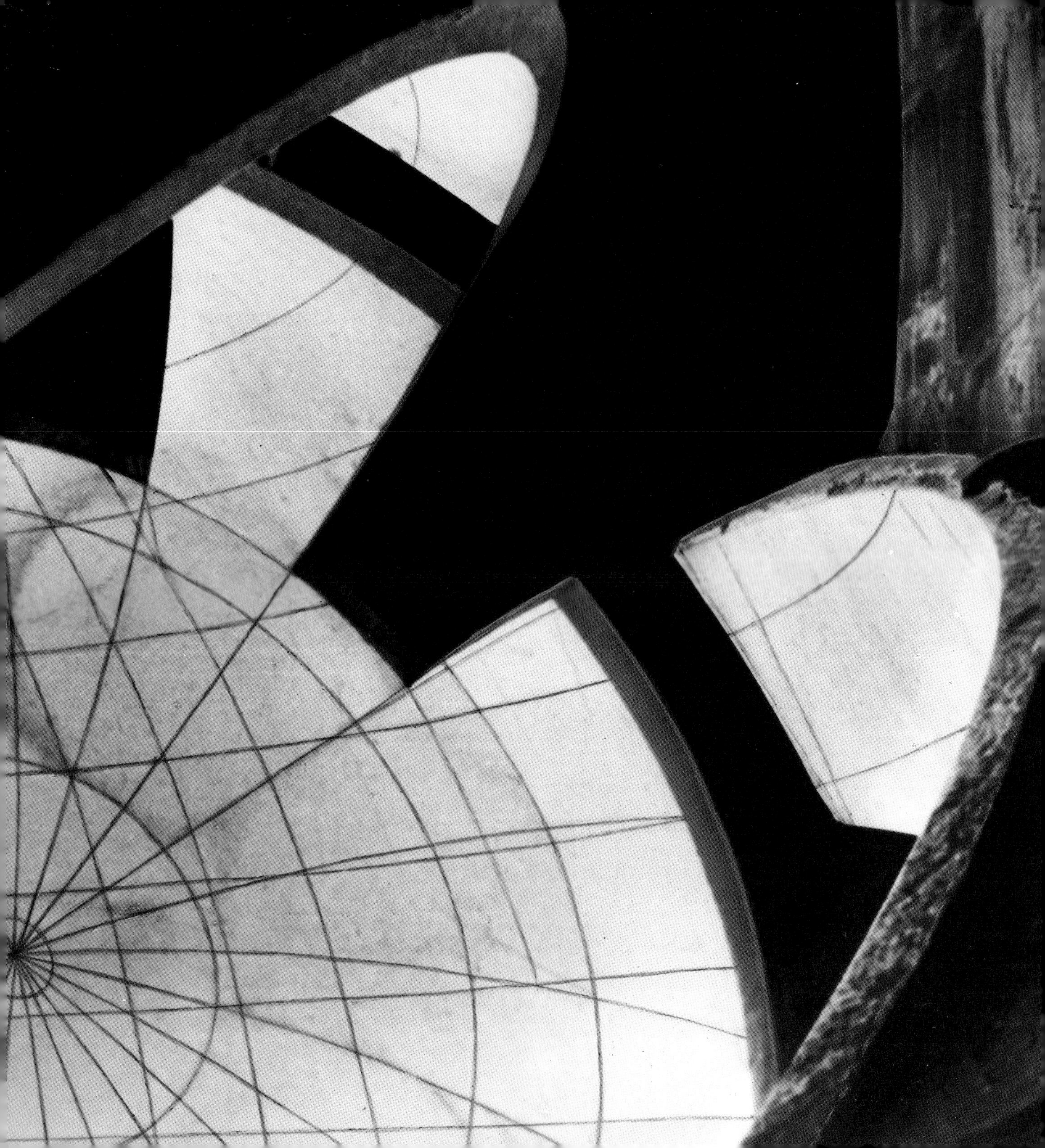

l'homme dans son jardin véritable, et non pas un schéma de l'homme sauvé de la malnutrition ou de l'injustice). Dans le parc de Jaipur, voyez-vous, se dressent les machines d'un sultan du dix-huitième siècle et tout manuel scientifique ou guide touristique les décrit comme des appareils destinés à l'observation des astres, chose certaine et évidente et de marbre, mais il y a aussi l'image du monde comme a pu l'éprouver Jai Singh, comme l'éprouve celui qui respire lentement la nuit rousse où se déplacent les anguilles, ces machines ne furent pas seulement érigées pour mesurer le cours des astres, pour domestiquer tant d'éloignement insolent ; c'est autre chose encore qu'a dû rêver Jai Singh dressé comme un guérillero de l'absolu contre la fatalité astrologique qui guidait sa race et décidait des naissances des défloraisons et des guerres ; ces machines firent face à un destin imposé du dehors, au pentagone de galaxies et de constellations colonisant l'homme libre, ces artifices de pierre et de bronze furent les mitraillettes de la science véritable, la grande réponse d'une image totale face à la tyrannie de planètes,

de conjonctions et d'ascendants ; l'homme Jai Singh, petit sultan d'un royaume déclinant, fit face au dragon aux yeux innombrables, répondit à la fatalité inhumaine en provocant, lui mortel, le taureau cosmique, il décida de canaliser la lumière des astres, de l'attraper en des spirales et des rampes et des courbes, de lui couper les griffes qui saignaient sa race ; et tout ce qu'il mesura, classa, nomma, toute son astronomie sur parchemins enluminés était une astronomie de l'image, une science de l'image totale, un saut de la veille vers le présent, de l'esclave de l'astrologie vers l'homme qui dialogue debout avec les astres. Peut-être les gouvernants de la progression pour laquelle nous donnons tout ce que nous sommes et tout ce que nous avons, peut-être Mlle Callamand et le professeur Fontaine, peut-être les chefs et les hommes de science finiront-ils par émerger à l'ouvert, par accéder à l'image où tout est en attente ; en ce même instant les jeunes anguilles arrivent aux bouches des fleuves européens, elles vont commencer leur assaut fluvial ; peut-être fait-il déjà nuit à Delhi ou à Jaipur et les étoiles

vont-elles becqueter les rampes du rêve de Jai Singh ; les cycles fusionnent, se répondent vertigineusement ; il suffit d'entrer dans la nuit rousse, d'aspirer profondément un air qui est pont et caresse de la vie ; il va falloir continuer de lutter pour l'immédiat, *compañero,* car Hölderlin a lu Marx et ne l'oublie pas ; mais l'ouvert demeure là, pulsation d'astres et d'anguilles, anneau de Möbius d'une figure du monde où la continuation est possible, où avers et revers cesseront de se déchirer, où l'homme pourra occuper sa place dans cette danse jubilante que nous appellerons un jour réalité.

Paris, Saignon, 1971

DU MÊME AUTEUR

Aux Éditions Gallimard :

LES ARMES SECRÈTES

MARELLE

GÎTES

TOUS LES FEUX LE FEU

62 — MAQUETTE À MONTER

LIVRE DE MANUEL

OCTAÈDRE

CRONOPES ET FAMEUX

FAÇONS DE PERDRE

LE TOUR DU JOUR EN QUATRE-VINGTS MONDES

NOUS L'AIMONS TANT, GLENDA et autres récits

LES AUTONAUTES DE LA COSMOROUTE ou Un voyage intemporel Paris-Marseille (*en collaboration avec Carol Dunlop*)

ENTRETIENS AVEC OMAR PREGO (Folio/Essais)

HEURES INDUES

Composé par Eurocomposition.
Achevé d'imprimer par
l'imprimerie Jombart à Évreux
le 5 avril 1988.
Dépôt légal : avril 1988.
Numéro d'imprimeur : 7506

ISBN 2-07-071170-6/Imprimé en France.

43193